STARMAP
LEO

獅子座の君へ

Born to be special

鏡リュウジ
Ryuji Kagami

sanctuary books

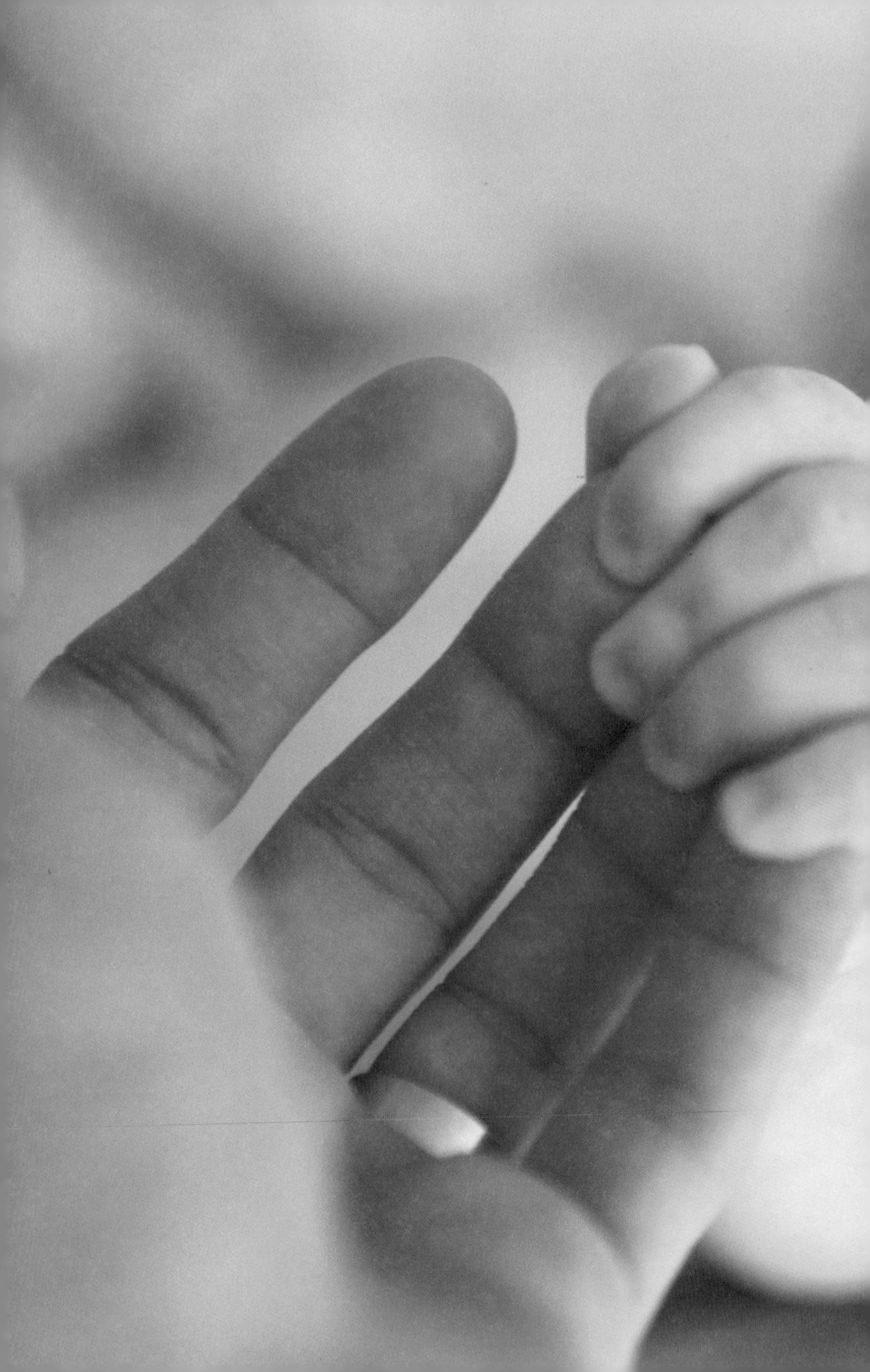

あなたは知っているだろうか。
あなたが特別でかけがえのない
存在であることを。

生まれながらにして、唯一無二。
誰にも描けない生き方が、
あなたには約束されている。
ほかの星には真似できない、
ドラマティックな恋。
ほかの星には想像すらできない、
オリジナルなスタイル。

あなたにはあなただけの
物語が待っている。
ステージはどこ？　ストーリーは？
クライマックスは？
誰にも遠慮はいらない。
自分がいちばん輝く物語を描こう。

晴れていても、曇っていても
太陽は、そこにある。
熱を持ち、光を放ち、輝いている。
人をあたため、人に求められ、愛される。
太陽は、そう、あなただ。
あなたが、光り輝くことを
みんなが待っている。

輝こうとするあなたと、
輝くあなたを心待ちにするギャラリー。
世界とこれほど幸せな関係を
築けるのはあなたを置いて
ほかにいない。

自分が一番輝くためのシナリオ、
自分だけが演じることのできる役
自分のスタイルが映えるステージ。

すべてはあなたが決めればいい。

あなただけの、
特別な何かを、見つけるんだ。
さあ、物語が始まる。

太陽がどの星ともちがうように、
獅子座のあなたにはあなただけの輝きがある。
あなたは、ただ大人になるためだけに
生まれてきたわけではない。
ただ生きるだけでは、獅子座の心は満たされない。
あなたにしか描けない夢。
運命の人との燃え上がるような恋。
物語みたいに刺激に満ちた毎日。
あなたにしか生きられない人生を生きること。
あなただけの、特別な何か。
それを見つけられるかどうかに、
獅子座の人生はかかっている。
獅子座のあなたが、
自分だけの特別な何かを見つけるための
31のメッセージを贈ります。

獅子座のあなたが、

もっと自由に
もっと自分らしく生きるために。

STARMAP
LEO

CONTENTS

STARMAP
LEO

やりたいことは何か?
やる気を出すには?

【夢／目標／やる気】

あなたの夢は何か？
やりたいことが見つからないときは？
あなたの心をワクワクさせるものは何か？
獅子座のあなたが、向かうべき方向はどこだ。

STARMAP
LEO

1

自分だけの特別な何かを見つけよう

獅子座はよく「王様」にたとえられる。
でも、それは横暴とか支配欲が強いということじゃない。あなたが特別な存在だということ。あなたがあなたのままで輝きを放っているということ。
だからこそ、獅子座は自分の輝きに気づかなければならない。
もしもあなたが、輝いていない、満たされていないとしたら、ほんとうに自分がやりたいこと、自分がやるべきことをやっていないからだ。
この世界には、あなたにしかできないこと、あなただからこそ追い求められるものが必ずある。
だから、一刻も早くそれを見つけよう。
いちばんの近道は、「好き」をつきつめることだ。たとえば、絵を描くのが好きなら自分が納得するまで何百枚も描く。ギターを弾くのが好きなら朝から晩までひたすら練習する。旅が好きなら、1年間、世界中を旅してみる。
とにかく今、あなたがワクワクすることを徹底的にやってみる。他のことを放り出してそこにかけてみる。そうすれば、他の人にはない特別な才能が自分にあることがわかってくるはずだ。
「好き」が一時の思い込みや勘違いでもかまわない。とりあえず今、興味のあることを追求してゆけば、その先に必ずやるべきことが見えてくる。
そして、あなたにしかできないことに出会えたとき、あなたはほんとうの王様になるだろう。何度も言うけれど、それは権力者になることじゃない。未来がどこまでも広がっているという希望と、世界から祝福されているという実感。そのふたつの宝を手にすることができるのだ。

STARMAP
LEO

2

人生をひとつのストーリーと考える

獅子座の心は常にドラマを求めている。
感動的な出会い、心がはりさけそうになるほど切ない恋、熱く燃えることのできる仕事、立ちはだかるライバル、そして困難を乗り越え、成功を勝ち取ってゆく自分の姿。ドラマチックなシチュエーションに直面すればするほど、獅子座には生きている実感とエネルギーが湧き出てくる。少しの苦難や怖い目にあっても、それを「スリル」ととらえて、ワクワクする気持ちで楽しめる感性がある。
逆に、退屈で平凡な日常に埋没していると、気持ちがどんよりして、前向きな気持ちがどんどんそがれてゆく。
だから、あなたがやる気を出すためには、今、目の前に起きていることをドラマだと考えればいい。たとえば、あなたが何かの目標に取り組もうとするときは、自分のことを実現困難な夢にたったひとりで立ち向かうドラマの主人公だとイメージしてみよう。そうすると、頭と体が目標に向かって勝手に動き出し、夢はどんどん実現に近づいてゆく。
やりたいことが見つからないときは、人生をひとつのストーリーととらえてみるのもいいだろう。自分の物語はどう始まって、どんな目的に挑戦し、どんな出来事が起きて、どんなクライマックスを迎えるのか。そして今の自分は、そのストーリーのどのパート、どの部分を演じているのか。そんなことを想像してみる。きっと今、何をするべきか、何をがんばるべきかが、自然とわかってくるはずだ。
獅子座が求めるものはただの夢では終わらない。イメージし続ければ、平凡な毎日がほんとうのドラマに変わってゆく。

STARMAP
LEO

3

人に見られる場に
自分の身を置こう

獅子座の中に今もいる、無邪気な子どもの魂。その子どもはいつも思っている。誰かにほめられたい、認められたい、自分のことを見ていてほしい、と。
だから、獅子座は注目されている場所に行けば行くほど、力を発揮できる。実現不可能な目標でも、人に見られることで、自分でも気づいてない力が湧き出て、達成できる可能性が出てくる。そう。あなたが人生というドラマを演じているとしたら、そこには観客が必要なのだ。
だから、あなたが何かに取り組むときは、ひとりでコツコツやるのでなく、人の目にふれることを選んだほうがいい。
ミュージシャン志望なら、自宅にこもって曲作りをするだけでなく、路上で演奏してみる。文章を書きたいなら、賞に応募する。バレエやダンスを習っていたら、発表会に出てみる。スポーツをやっていたら、大会に積極的に出場する。料理が好きなら、自分で食べるだけでなく、パーティをしてみんなに振る舞う。
会社の仕事でも同じこと。なるべく人と関わる仕事を選んで、積極的に自分を周囲にアピールしてゆこう。
颯爽と活躍している姿、泥臭く努力している姿、挫折してなおもたちあがろうとする姿。自分が見せたい姿を演じてゆけば、あなたのクリエイティビティや行動力は飛躍的に向上し、最後はほんとうにみんなから認められる存在になれる。
目立ちたいとか認められたいという欲望が自分のなかにあることを、恥ずかしがる必要はない。むしろあなたにとって、それは宝物だ。子どもが親にほめられたいという承認欲求を満たしながら成長してゆくように、認められたいという気持ちがあなたのレベルをあげてゆくのだから。

STARMAP
LEO

4

夢も目標も欲望も宣言しよう

人から注目されるとき、見られているときに、力を発揮するあなた。観客がいればいるほど、がんばれるあなた。でも、今、めざしているものや取り組んでいることに観客がいなかったら?
そんなときは自分の意識のなかで、観客をつくりだせばいい。
たとえば、会社の上司や同僚、あるいは、友人や家族、取引先やお客さん、そういう人たちを観客だと思って、彼らの期待にこたえようとしてみよう。それだけでも、自分の人生はドラマチックなものに変わって、成功にどんどんと近づいてゆくことができる。
もっといいのは、夢や目標を思いついたとき、すぐにまわりの人に宣言すること。これも相手は、親や友だち、会社の上司など身近な人でいい。あるいは、SNSを使ってもいいだろう。とにかく「○○がやりたい」「○○になりたい」と宣言してしまうこと。
たった一人で心のなかで、夢や目標をもっているだけだと、かんたんに諦めてしまったり、いつのまにか挫折してしまったりすることがある。だけど、周囲にそれを宣言してしまえば、あなたはきっと意地でもやり遂げようとする。挫折するかっこ悪い自分を観客に見せたくないから、成功するまでやり続ける。
いつまでにやると期限を決めたら、さらに効果的かもしれない。
半年後こうなる、1年後こうなる、3年後こうなりたい。そんなふうに、目標を宣言してしまおう。その期限内か、遅れたとしてもほんの少し後に、夢は現実のものになる。
だって、あなたはやりさえすれば、特別な存在になれる星のもとに生まれているのだから。

STARMAP
LEO

5

愛される変わり者であれ

クリエイティビティがあり、人がしないような発想をするあなたは、時々「変わってる」とか「天然」とか「空気が読めない」なんてことを言われるかもしれない。もしかしたら、あなた自身もそのことに少しコンプレックスを感じているかもしれない。

でも、そんなことは気にしなくていい。獅子座は変わり者だからこそ、かけがえのない特別な存在になれるのだ。周りに安易に流されず、人とちがうことを考えてしまうからこそ、唯一無二の魅力的な世界をつくり出せる。

それまでにないアートをつくり出したアンディ・ウォーホール、まったく新しい手法でリアルな恐怖を感じさせる映画を生み出したヒッチコック、彼らはみんな変わり者、奇人変人と言われていた。変わり者だからこそ、そういう時代を切り開くような新しい表現をつくることができた。

しかも、獅子座は愛される変わり者だ。それは前向きで輝きをもった変わり者だから。

ほとんどの人は、変わり者にあこがれ、「変わっている」と言われたくてしようがない。でも、それは努力してなれるものじゃない。だから、みんな、前向きで明るくて、でも人と違う発想をするあなたに魅かれ、すごく好きになる。

秒単位で新しいブームやイノベーションが生まれる今の時代、変わり者の価値はこれまで以上に高まっている。他の人とちがう発想をする人間だけが、みんなが注目し、感動するものを生み出すことができる。

だから、「変わっている」と言われることを恐れるな。自分の中の変わり者の部分を全面展開して未来を切り拓け。それが獅子座の使命だ。

STARMAP
LEO
WORDS

翼を持たずに
生まれてきたのなら、
翼を生やすために
どんなことでも
乗り越えなさい。

ココ・シャネル　ファッションデザイナー
1883/8/19 生まれ

「あなたを変えるココ・シャネルの言葉」（高野てるみ）より

STARMAP
LEO

WORDS

生きる伝説になりたい。

ウサイン・ボルト　陸上選手
1986/8/21 生まれ

ロンドンオリンピックを前に

STARMAP
LEO

あなたがもっとも
輝くときは?

【仕事／役割／長所】

あなたに備えられた才能はなんだろうか？
あなたがもっとも力を
発揮できるのはどんな場所？
あなたが世界に対して果たす役割は何か？
獅子座のあなたが、もっとも輝くために。

6

自分にしかできない
仕事を探そう

獅子座の守護星である太陽は「自分らしさ」を象徴している。だから獅子座は、自分らしくあることに対してほかの星座の人より敏感だ。自分がほかの誰ともちがう唯一無二の存在であることを、心の深いところで求めている。
それゆえ、平凡な仕事、ほかの誰かでもできる仕事には、あなたはモチベーションをもちづらいだろう。あなたの個性やクリエイティビティが発揮できるような仕事。あなたにしかできない仕事。そういう仕事でなければ、あなたの心は満たされない。
だから、自分にしかできない仕事を探そう。
個性やクリエイティビティといっても、ものを作ったり、表現する仕事とは限らない。たとえば、お店をしているなら、こういう商品のセレクト、このディスプレイはあなたにしかできない。営業なら、こういう売り方はあなたにしかできない、この顧客はあなたにしか口説けない。どんなジャンルの仕事であっても、あなたらしさを発揮すること。それが、あなたにしかできない仕事につながってゆく。
あなただけの仕事は、たいてい「好き」の近くにある。まずは、「好き」なこと、「ワクワク」することを徹底的にやってみよう。
たとえば、本が好きなら、物語を作ること、本の装丁をデザインすること。あるいは、本屋さんになって読者におもしろい本を届けること、読み聴かせで子どもたちに本の魅力を伝えること。何があなただけの仕事になるかわからない。はじめに描いていたイメージと少しずれることもあるだろう。
それでも、あなただけの才能は「好き」の近くに必ずある。何があなたにしかできない仕事か、「好き」を徹底することで見えてくる。出会える確率がぐっと高まる。

STARMAP
LEO

7

遊ぶように仕事しよう

獅子座にとって「遊び」はとても重要な要素だ。平凡な日常のなかにイベントをもちこんで毎日を「遊び」の空間にしてしまいたい、獅子座の心にはそんな欲求がある。それは仕事に対しても同じ。機械のようにただたんたんと同じことを繰り返すような毎日は、獅子座には耐えられないだろう。「遊び」こそが獅子座の世界といっても過言ではない。
だから、仕事にも「遊び」や「お祭り」の要素を取り入れよう。カフェのラテアートでお客さんをよろこばせるバリスタ、雨上がりにミッキーの絵を描いてくれるディズニーランドの清掃スタッフ、ダンスパフォーマンスのように交通整理する警備員……。一見単調な仕事も少しの遊び心で、みんなも自分も楽しめるものに様変わりする。プレゼンテーションや営業で、ただ企画を通す、契約をとることだけを目的にするのでなく、みんなを笑わせたり感動させたり驚かせたりすることを裏目標にし、工夫や仕掛けを考えてみてはどうだろう。あるいは企画書にちょっとしたイラストや笑えるネタを仕込んでみたり、商品のおすすめポップのコピーや形に趣向を凝らしたり、一風変わったセールを企画してみたり。文化祭の準備でもするみたいに、遊ぶように、仕事しよう。そうすれば、あなたのテンションは高まるし、アイデアもどんどん湧いてくるだろう。
締め切りやノルマもイベント化してしまおう。目標を達成したらみんなで盛大なパーティを開き、締め切りや期限に間に合わなかったら罰ゲームというふうに。
仕事を遊びやお祭りと一体化することでモチベーションを保ち、よりよい仕事へとつなげてゆける。
遊ぶように仕事をすることで、あなたの力は輝きを増す。

STARMAP
LEO

8

乗り越えるべき障害や課題を見つける

仕事のなかでトラブルが発生したとき。多くの人は「困ったなぁ」「めんどくさい……」と思う。でも獅子座のあなたは、一方で、逆にやる気や興味が湧いてきた、心のどこかでそんなふうに感じたことはないだろうか。
たとえ不利でも危険でも、生き生きとした感覚を肌で感じられることが好きな獅子座は、逆にそのほうが燃える。
ドラマチックなことに惹かれるから、乗り越えるべき障害を見つけたときにこそ力を発揮する。それに向かっていくことでやる気が出るのだ。
だから仕事でも、まず乗り越えるべき障害や課題を見つけよう。
何かプロジェクトを任されたなら、予算やスケジュールなどクリアしなければいけない条件、説得しなければいけない相手、想定されるトラブル……。何か商品を販売するなら、ターゲットが購入するうえでネックになりそうなこと。マイナス要素やウィークポイントを洗い出そう。
そのプロジェクトが困難であればあるほど、あなたの心は燃えるはずだ。
洗い出した障害や課題がかんたんにクリアできそうだったら、あえて自らハードルを上げてもいい。
予算やスケジュールを厳しめに設定する、達成したい目標値を上げる、商品のターゲットをさらに広げてみる。
障害や課題を見つけること、自ら設定することで、退屈したりマンネリしたりすることなく、あなたは高いモチベーションをキープし生き生きと仕事に取り組むことができるだろう。

STARMAP
LEO

9

自分のファンをつくる

守護星を太陽にもつ獅子座のあなた。太陽のように光り輝くあなたの生き生きとした光や笑顔は本当に貴重なもの。日の光のもとに多くの生き物が集まってくるように、太陽を守護星にもつあなたへと惹かれている人もたくさんいる。
もしかしたら、あなた自身は気づいていないかもしれないが、あなたに憧れている人、あなたを応援してくれている人が必ずいる。
せっかく応援してくれている人がいるのに、その存在にあなた自身が気づかず、そのままにしていてはもったいない。
そういう人たちを、もっと強い味方、あなたのファンにしよう。
“1,000 true fans” という新しい言葉があるが、本当のファンが1000人いればどんな仕事でも成立する。
ネットなどで情報を発信するにしても、接客業で商品を売るにしても、「あなただから」「あなたのために」情報を広めてくれ、商品を買ってくれる人がいる。それだけでやってゆくことが可能なのだ。
それに、会社のなかでも、自分が声をかければ賛同してくれる人、力を貸してくれるファンをつくって味方を増やすことで、うまくゆくこともたくさんあるだろう。
そういう人を大事にしよう。その人たちの気持ちに応えようとすることで、あなたはもっと強くなる。彼らを喜ばせることを考えることで、生まれるアイデアもあるだろう。
また、自分とファンという1対1のつながりだけじゃなく、そのファン同士をつないでゆくことでより強く、よりよいファン集団をつくり上げてゆくこともできる。飲み会やSNSなど積極的に交流の場をつくろう。
あなただけのファンクラブが、あなたの背中を押してくれる。

STARMAP
LEO

10

評価される機会を増やす

獅子座の心には、「人からほめられたい」という思いが強くある。もしかしたらあなたはそのことを恥ずかしいと思っているかもしれない。でも恥ずかしがる必要はない。人に認められたい、評価されたいと思うのは、人間であれば当然の欲求だ。
とはいえ、自分からほめられようとするのはなかなか難しい。
そこで、まわりからほめられる機会を増やすために、日頃から常に評価にさらされる環境に身を置いてみよう。
あなたにとって、見られているということは大きな力になる。
観客がいることで、普段の何倍もの力を発揮することができるのだ。
たとえば、成功したこと、やり遂げた結果だけではなく、自分がミスしたことや悪いところも含めてすべて誰かに報告する習慣をつけよう。あるいは、自分が手がけているプロジェクトや仕事について、いろんな人に相談してみよう。
成果だけを報告したり、いいところしか言わなければ、ただの自慢話になってしまう。そうすると、人はほめてくれるどころか話を聞くのも億劫になってしまうはず。
でも、自分がやったすべてのことを定期的に報告していれば、相手も純粋にあなたの仕事を評価してくれる。
ときには、批判にさらされたり、叱咤されることもあるかもしれない。でもそれを受け止め乗り越えたときには、さらにあなたの評価は高まる。
評価にさらされることで、あなたの自意識もたくましくなる。
あなたは今よりひとまわりもふたまわりも大きく成長できるだろう。

STARMAP
LEO
WORDS

僕たちはいつも
忙しくしているんだ。
忙しいって言っても、
遊んでいるみたいな
もんだけどね。
好きなことをやっているなら、
仕事は遊びになる。

アンディ・ウォーホール　アーティスト
1928/8/6 生まれ

「とらわれない言葉」より

STARMAP
LEO

WORDS

踊り続けなさい。
自分を
見失わないために。

ピナ・バウシュ　舞踊家・振付家
1940/7/27生まれ

「Pina/ ピナ・バウシュ 踊り続けるいのち」より

STARMAP
LEO

何をどう選ぶか？

【決断／選択】

人生は選択の連続だ。
今のあなたは、
過去のあなたの選択の結果であり、
今のあなたの選択が、未来のあなたを作る。
獅子座のあなたは、何を選ぶのか。
どう決断するのか。

STARMAP
LEO

11

自分らしいと感じられるものをシンプルに選ぶ

自分のスタイルを明確にもっている獅子座は、何かを決断するときに悩むことはあまりない。
でも、本来なら決断力があるはずのあなたが、もし何かに迷っているとするなら、知らず知らずのうちに、自分の考えを人と比べてしまってはいないだろうか。
そんなときは、自分の心の声に耳をかたむけてみて。
「変わり者と思われるかもしれない」という不安。「みんなの空気を壊してしまうかもしれない」という遠慮。あるいは、「あの人に負けられない」という見栄やプライド。そういう、他人との比較やノイズはすべて排除して。
自分のやりたいこと、自分の好きなこと、自分の欲望、自分の心に、忠実に。
人から見ればありえない選択だって、かまわない。
たとえみんなからバカにされたとしても、「これが自分だ」と思える選択、自分らしいと心から感じられる決断、いつだってそれがあなたにとってベストの選択だ。
本心に反することやモチベーションのもてないことを、ただなんとなくこなすような毎日に、あなたは耐えられないはず。心から「やりたい」「好き」と思えることでなければ、結局長続きはしないだろう。
何かを決めるとき、あなたが大事にすべきなのは、自分らしさ。いちばん自分らしいと感じられるもの。それを選んでいれば、あなたはあなたでいられる。

STARMAP
LEO

12

「かっこいい」と思うほうを選べ

人生をステージのように考える獅子座。何かを選ぶときも、よりドラマチックだったり、よりかっこいいほうを選びたいという衝動にかられることがあるはず。なのに、もしかしたら、「かっこいい！」とかで選んではいけないとブレーキをかけてしまうことがないだろうか。
でもあなたはその衝動に従って、「かっこいい！」と思うほうを選ぶべきだ。
あなたにとって、自分そして人から見ても「かっこいい」と思えることはとても大事。実際、口には出さずとも、あなたのことをかっこいいと憧れている人も少なくないはず。
あなたが思うかっこよさは、見た目だけでなく中身や行動もきちんと伴ったもの。なぜなら、見かけだけのかっこよさはかっこ悪いということをあなたは本能的に知っているから。
だから、あなたが「かっこいい」と思える選択は、意外とまちがっていない。
それに、自分が「かっこいい」と思えるほうを選べば、自分のモチベーションも変わってくる。単にかっこいいからいいということではなく、かっこいいほうを選んだ結果、よりやる気が出るし、より本気になれるし、より成果も出やすい。
もともと獅子座の中には常に理想のイメージが強く浮かんでいるので、あとはそこに自分を近づけてゆくだけ。まわりから非難されるようなずるいことは選ばない。自分でかっこ悪いと思うことはやらない。
そうすれば、後悔や迷いもなくあなたの進むべき道を選べるはず。

STARMAP
LEO

13

「自分はできる！」とうぬぼれろ

自信に満ち溢れた勇猛果敢な獅子。そんな星のもとに生まれたあなたもまた、とてもダイナミックな力強さをもっている。
それなのに、意外と冒険することができないあなた。
でも、それは決して臆病だからではなく、あなたのプライドが邪魔をしているだけ。
本来なら冒険も進んでどんどんしてゆくタイプだし、いつもしている。勇敢な心がライオンハートとたとえられるほどなのだから、そもそも何も恐れることはないのだ。
ただ、心のどこかにある「失敗したらかっこ悪い」「恥ずかしい」という気持ちがあなたを冒険から遠ざけているだけ。
そんなときは、失敗ではなく成功のイメージを膨らませよう。
失敗する可能性なんて考えなくていい。
「私はできる！」「絶対うまくいく」「成功した私は誰よりもかっこよく、みんなの注目の的となる」
そんなふうに、それを成し遂げたあとの自分を思い描いてみて。
自画自賛やうぬぼれでいい。勘違いでも構わないから、とにかく成功した自分をイメージするのだ。
そこに失敗のイメージは1mmもなくていい。
そうすれば、あなたはそのイメージ通りに振る舞えるはず。
自信さえ取り戻せれば、急に輝きを放ち出すあなた。
だからこそ、自分に「できる！」と言い聞かせて自信をつけてあげよう。
たとえ冒険したとしても、あなたはあなたのままでいられるのだから。

STARMAP
LEO

14

反対意見をエネルギーに変えろ

誇り高き百獣の王・ライオン。嘘やずるいことが嫌いで、自分の思い描いた理想へとまっすぐ突き進む。
反対されるほどに、自分の夢や可能性をかたくなに信じること。
それこそが獅子座の誇り高さだ。
だからあなたは反対意見に従う必要はない。まわりの意見を聞く耳をもてと言っても意味ないし、意固地なくらいでいい。
むしろ、その反対意見をエネルギーに変えてゆこう。反対意見を打ち負かしてやろう。
たとえば、商品を開発するときに「それは女性にしか受けない」と言われても、それを男性にも受けるようにアレンジする必要はない。それより、結果的に男性が無視できないほど、女性の間で大ヒットするような方法を考えてみる。
奇抜なデザインの商品を売ろうとしたら、「そんなもの売れるわけがない」と言ってくる人もいるだろう。そんなときは、じゃあこの奇抜なものがどうやったらヒットするか、考える。むしろ、奇抜さをウリにして展開するのもアリだろう。
そうやって「〇〇だからダメ」という意見を徹底的に潰そう。
反対意見に対抗することで、プロジェクトもよりブラッシュアップされるし、頭に浮かんでいるだけのアイデアも具体的な形ができあがってゆくはず。
逆境の中でこそ力を発揮するあなた。
どんなにまわりから反対されたとしても、それを力に変えて自分で進むべき道を切り拓いてゆけばいい。
結果的にはそれが失敗に終わったとしても、自分が納得するまで、行けるところまで、とことん突き進もう。

STARMAP
LEO

15

堂々と朝令暮改をしよう

一度口にしてしまったことを取り消せなくなって身動きが取れなくなってしまったことはないだろうか。
どんなものにも屈しない。激しいエネルギーや力強さ、何にも負けない生命力を持った獅子座のあなた。火の星に属するあなただから、本来もっているパワーは凄まじいものがある。
でも、それだけエネルギッシュなのにどこかで変化を恐れているところがある。一度始めたことをずっと守ってゆこうとする傾向がある。それは活動的な火の星のもとに生まれたあなただが、それと同時に不動宮にも属しているから。
どっしりと構える姿は、だからこそとても頼もしいが、肝心なときに機動力に欠けることがある。自分の型にはまって、ワンパターンに陥ってしまうことがある。
それは、王様としては、唯一の欠点。
たしかに「さっき言っていたこととちがう」というのは、悪いことのように思われがちだが、状況は刻々と変化している。
王様になれる人、成功する人は、意見を変えられる人。恐れず朝令暮改できる人。
王様にもたとえられる獅子座のあなたが、まわりに遠慮して朝令暮改できないなんておかしい。心のなかで「ちがう」と思っているのに、「変更したい」と言えないなんて、獅子座らしくない。
そもそも表面的なことや方法論が多少変わったとしても、本来の目標や基本となる考えがブレることはない。枝葉末節が変わるだけで、根本的には同じこと。大事な部分は変わってないと思おう。
そして、勇気をもって、堂々と朝令暮改しよう。

STARMAP
LEO
WORDS

新しいレシピに挑戦し、
自分の間違いから学び、
尻込みせず、
そして何より楽しむこと！

ジュリア・チャイルド　料理家
1912/8/15 生まれ

「いつだってボナペティ！」より

STARMAP
LEO
WORDS

笑う人は笑え。
そしる人はそしれ。

新美南吉　作家
1913/7/30 生まれ

「日記」（昭和 8 年 8 月 22 日）より

STARMAP
LEO

壁にぶつかったとき、
落ち込んだとき。

【試練／ピンチ】

あなたの力が本当に試されるのはいつか？
失敗したとき、壁にぶつかったとき、
落ち込んだとき……。
でも、大丈夫。
あなたは、あなたのやり方で、ピンチを脱出できる。

STARMAP
LEO

16

今の状況をドラマと見立てる

あなたにとって人生は、長い長いドラマのようなもの。そして、その長い物語の主人公はあなた。
だから、もしも大きな壁や辛い現状にぶち当たったときは、自分を逆境のヒーロー、悲劇のヒロインだと考えよう。劣勢に立たされることで俄然燃えるあなた。必ず乗り越えてやるという気持ちが湧いてくるはず。
そして、その状況を長い物語の一場面と考えよう。たとえば、失恋して落ち込んだとき、仕事がうまくゆかず苦しいとき、それもドラマのワンシーンと考えてみて。
あなたは、その物語にどんなエンディングを描いているのか。
もしも、運命の人と出会って結婚するというハッピーエンドを描いているなら、運命の人と出会うために今あなたができることは、何かに打ち込み自分を磨くことかもしれないし、出会いの場に積極的に出かけることかもしれない。
いつか自分で会社やお店を起こしたいと考えているなら、そのために今はどんな技術や知識を身につけなければいけないか、どんな人脈をつくる必要があるか。そう考えれば、今、目の前のミスやトラブルはそこまで落ち込むほど重要なことではないかもしれない。もし将来のあなたにとっても重要なことなら、今のうちに失敗しておいてよかったかもしれない。
現状だけを見れば辛く苦しいことでも、長いドラマのなかのワンシーンだと思えば、その先には必ず夢や喜びがある。
ハッピーな結末を想定して、そこから逆算してストーリーを考えれば、あなたが今やるべきこともおのずと見えてくる。来るべきハッピーエンドを見失わずにいれば、いつの間にか苦しかった現状からも抜け出せるだろう。

STARMAP
LEO

17

得意なことをして、
肯定感を回復する

本来、獅子座は自分の本質的な可能性を信じている。
しかし、何かのきっかけで落ち込んだり悩んでいるときは、その自信を失ってしまっている。
自分にできることなんて、何もないんじゃないか。自分なんていてもいなくても変わらない、ちっぽけな存在なんだ。そんなふうに思ってしまうこともあるかもしれない。
そんなときは、自分で自分を認めて肯定してあげることが大事。
どんなに簡単なことでもかまわないから自分の得意なことをやってみよう。
たとえば、とっくの昔にクリアしたゲームをもう一度やってみる。
歌が得意なら、高得点の出やすい採点機能のあるカラオケに行く。得意料理があるなら、それを作ってみんなにふるまう。
小さなことでいい。むしろ難しいことに挑戦しないほうがいい。
簡単なこと、自分の得意なことをする。
小さなことでも、うまくできれば、肯定感を感じられる。ほめられたら、自信が戻ってくる。
また、自分に片思いしている人や未だに未練たらたらの昔の恋人。自分のことを認めて、全面的に愛してくれる人。
そんな人に電話してみるだけでも、自分の存在価値を再認識できるはず。
そうやって、自分がこの世にたった一人のかけがえのない存在だと思えたら、また明日から前を向いて歩き出せる。

STARMAP
LEO

18

飽きるまでグチを言い続ける

人から頼られるばかりで、あまり心配してもらえない。そんふうに感じることはないだろうか。獅子座のあなたは、その優雅なたちふるまいや、みんなに安心感を与えるような落ち着きから、内心焦っていてもそうは見えなかったり、大丈夫と思われてしまうことが多い。
自分ではすごく悩んでいるのにあなたなら大丈夫と心配してもらえず、あなたが真剣に悩み相談をしていてもなぜかただのグチだと思われてしまったり……。
悩んでいれば、誰かにアドバイスしてもらいたい、わかってもらいたい。そんな気持ちが沸き上がるのは当然のこと。
でも、あなたがそこから抜け出すためにはまわりのアドバイスなんて役に立たない。
あなたの突破口は、あなたが見つけ出すしかない。あなたは自分で見つけたところからしか、脱出できない。
どんなにまわりからアドバイスをもらってもいまいちピンとこないし、やっぱりわかってもらえないと思って余計にイライラしたり落ち込んでしまう。
だから、アドバイスしてもらう必要はない。とにかく自分の気が済むまでグチを言い続けよう。親しい友人、家族、恋人、行きつけの店のマスターや飲み屋で偶然知り合ったお客さん。
相手は誰でもかまわない。ただし、ただ黙ってあなたの話を聴いてくれる人。アドバイスが上手な人より聞き上手な人を選ぼう。
飽きるくらいひたすらグチを言い続ければ、そのうち憑き物が落ちたかのように道が開ける。今まで悩んでいたことが、急になんでもないことのように思えたり、パッと解決法がひらめくはず。

STARMAP
LEO

19

あなたの弱さを
わかってくれる人を
ひとり見つける

まわりから見たあなたは、どんなふうに映っているだろう。
いつもしっかりして頼れる存在。裏表もなくいつも明るくて、クヨクヨ悩んだりしない人。そんなイメージで見られることが多いのではないだろうか。
でも実際は、傷つくことだってある、弱い部分ももっている。
心の奥では、「誰か」にそれをわかってほしいという気持ちがある。ただ、それと同時に「誰にでも」はわかられたくないという気持ちもある。
部下や自分を慕ってくれる後輩、自分に期待してくれる上司や先輩。そういった人の前では、かっこよくて明るい自分でいたいから。それでも、弱さを見せずにすべての人の前でいつも強い自分でいるのはとても大変なこと。
だから、たった１人でいい。
この人になら、弱さを見せてもいいと思える人を見つけて。
あなたに弱みを見せられた人は、普段の強く輝くあなたのことを知っているから、自分にだけ弱さを打ち明けてくれたということに喜びを感じる。
そして、すごく親身になってくれるはずだ。
強いあなた。完璧なあなたに魅力を感じてついてきてくれる人は大勢いるだろうが、ときには弱さも味方につけてみよう。
そうすれば、あなたがピンチに陥ったとき、必ずあなたを救いだす力になる。

STARMAP
LEO

20

他人の情報をシャットアウトする

自分が自分であるということ。それは、太陽を守護星にもつあなたにとって、何よりも大切なことだ。自分の生き方やスタイルは、自分で切り拓いてゆく。そうでなければ、先へ進むことなどできないから。
そんなあなたが、ついついまわりと比べてしまうとき。実は、それこそがあなたの心が弱っている証拠。
普段は、バカがつくほど正直に自分が思った道をまっすぐ貫けるけど、弱ってくると自分を見失って人と比べてしまう。
「あの人に負けていないか」「この人よりすごいことができているか」「あの人は何でもうまくいっているのに、自分は……」などと。
でも、そんなふうに他人と比較することで、ますます自分がわからなくなり、よけい参ってしまう。
誰かと比べている時点で、あなたの大切な「自分らしさ」は消えてしまっているのだ。
それでは、何ごともうまくゆくはずがない。
だからこそ、人と比べないことが大切。
自分が誰かと比べそうになったり、弱っているなと思ったときは、他人の情報を一切シャットアウトしてみて。
自分がライバル視している人や憧れている人が、今何をしているか。友だちや同僚の会話も耳に入れず、Twitter や Facebook といった SNS も見ない。
ただひたすら自分自身と向き合って、自分のことだけを見つめる。
そうやって自分らしさを再確認したら、自然と元気も出てくるはず。
自分。それさえわかっていれば、あなたはもう大丈夫。

近くを見るから船酔いするんです。100キロ先を見てれば景色は絶対にぶれない。ビジョンがあれば、少々の嵐にもへこたれません。

孫正義　実業家・ソフトバンク創業者
1957/8/11 生まれ

「孫正義語録」（孫氏の兵法製作委員会）より

STARMAP
LEO
WORDS

自分のぬくもりや、自分の考えをまとめて、心の奥深く掘り下げた穴に貯えるのです。その安心な穴に、大切なものや尊いものや自分自身までも、そっとしまっておくのです。

トーベ・ヤンソン　作家
1914/8/9 生まれ

「ムーミン谷の十一月」（鈴木徹郎訳）より

STARMAP
LEO

あなたが愛すべき人、あなたを愛してくれる人は誰か?

【人間関係／恋愛】

あなたが愛すべき人はどんな人か？
あなたのことをわかってくれるのは誰？
あなたがあなたらしくいられる人、
あなたを成長させてくれる人。
彼らとより心地いい関係を結ぶには？

STARMAP
LEO

21

自分の魅力に気づけ

そこにいるだけで、強烈な存在感でみんなが惹きつけられる。
持ち前の明るさや輝く笑顔で、みんなから好かれる。
そんな獅子座の特徴をきいて、自分はちがう。人気者じゃないし、モテない。容姿や性格にもコンプレックスがある。あるいは仕事ではリーダーシップを発揮できるし、友だち関係では慕ってくれる人も多いけど、恋愛になると全然ダメ。そんなふうに感じている人がいるかもしれない。
それでも、大丈夫。獅子座は人から好かれるし、モテる。
ただし、自信をもつことが必要。
獅子座は、自信をもつと急にオーラを発揮し、人を魅了する。
でもコンプレックスに支配されていると、本来の魅力が発揮されない。
でも自信さえあれば、自分をどうアピールすればいいか本能的に知っている獅子座は、恋愛においてもとにかくモテる。
だから、自信をつけよう。容姿にコンプレックスがあるなら、エステに行ってみる。ダイエットをしたり、髪型を変えてみる。
普段なら気後れしてしまうようなショップに出かけて、いつもとは違うファッションにもチャレンジしてみる。
人見知りだと思うならあえて人に出会う場所へ出かけてみる。
とにかくコンプレックスを払拭する機会をたくさん作ろう。そうやって自分に自信をつけてゆこう。
結果でなく、挑戦することであなたが自信をもてることが大事。
たとえ、それが勘違いや思い込みの自信でもかまわない。
そうすれば、あなたのオーラは急に輝きを増す。自分がいかに人を惹きつける存在かということにも気づけるかもしれない。

STARMAP
LEO

22

恋のドラマが起きる シチュエーションを探す

自分の人生をドラマだと考える獅子座のあなた。
そのドラマには、大きな花がなくてはならない。日常に生気を吹き込み、輝かせることができるもの。それが恋の力。あなたの人生において、恋愛は欠かすことのできない要素だ。
自分なんてモテないし、恋愛のチャンスもないという人は、もしかしたらドラマが起きる場所やきっかけを見逃しているのではないだろうか。
友だちからなんとなく好きになっていつの間にか付き合っていた。合コンで出会って、付き合った。なんてことは獅子座の恋愛では、ほとんどない。
なぜなら、獅子座の恋はドラマチックでなければいけない。あなたが恋に落ちるためには、何かしらのドラマが必要だから。
だからこそ、積極的にドラマが起きるシチュエーションを探しにゆこう。
夜景の綺麗なバーに出かけてみたり、イルミネーションの素敵な場所に行ってみる。
あるいは、普段おとなしい子と一緒に遊園地やライブに行ってはしゃいでみたり、逆にいつも一緒にはしゃいでいる友だちと美術館に出かけたり、クラシックが流れるようなレストランへディナーに出かける。
そうやって、いつもの相手の、いつもと違う一面を探ってみるのもいい。
たとえ普段はまったく意識していない相手でも、ロマンチックな場所へ出かけたり、普段は見られない姿を見ることで、あなたの中にドラマが生まれる。
そのためのタネをたくさん探してみよう。

STARMAP
LEO

23

あなたが愛すべき人

自分の欲求や理想がはっきりしているあなた。自分の可能性を信じているし、自分の道は自分で切り開いていきたいと考えている。
そんなあなたにとって、あまりこだわりがなく、あなたの欲求を優先させてくれるような人は一緒にいてとても楽。
自分のことを認め、尊重してくれる人と一緒にいればとてもリラックスして過ごすことができるだろう。
でも、一方で自分とはまったく違った世界へとぐいぐい引っ張って行ってくれる人に惹かれることも。
自分のやりたいことがはっきりしているあなただから、最初のうちは外の世界に連れ出そうとする相手を鬱陶しく思うこともあるかもしれない。
しかし、あなたにとって、向こうからあなたにはない新しい刺激や情報を与えてくれる存在はとても貴重なもの。
多少強引に見えても、その人のおかげであなたの可能性はひとまわりもふたまわりも大きくなる。
だからこそ、自分のことをあちこち引っ張っていってくれる人があらわれたら大切にして。
もしかしたら自分らしさや自分がなくなるかもしれないと恐れている人がいるかもしれないが、そんなことを心配する必要はない。
相手はただ、あなたの知らない世界を見せてくれようとしているだけ。
最後に選びとるのは、あなたなのだから。

STARMAP
LEO

24

あなたをほんとうに
愛してくれる人

さんさんと光を降り注ぐ太陽は、地上にあるすべての生命を平等に照らしてくれる。
それは、まるですべてを見渡すまなざしのよう。
あなたにも、そんなふうに温かなまなざしで見つめてくれる太陽のような人がいるはず。
誰かに認められたい。自分が自分であることを大切にしたい。
だけど、その思いが強すぎてときにはどうすればいいのか迷ってしまうことも。
そんなあなたの弱さも含めて、あなたのすべてを肯定してくれる人。
これは、人は誰もが弱い部分をもっている。だからそれを認めてということではない。
あなたにとって何よりも耐え難いことは、他の誰かと比べられること。
それは弱さであっても同じ。
あなたの弱さはあなただけのもの。あなただからこその弱さ。
そのことをきちんと分かってくれる人。あなたを理解し、認めてくれる存在。
元気なときにはなかなか気づかないかもしれないし、ないがしろにしてしまいがち。
でも、そんな人がいたら迷わず捕まえて。
その人がいれば、あなたはきっと迷わず先へと進めるはず。

STARMAP
LEO

25

ときには相手が
主人公のストーリーを
考えてみる

光。それは誰しも必ずもっているもの。でも、あなた自身の光と、まわりの人が放つ輝きはまったくちがうもの。
でも、あなたはときどきそれを取り違えてしまうことがある。いつの間にか、周囲の人の考え方や価値観が自分のものとは別だということを忘れてしまうことがある。みんなも自分と同じ思いで１つのことに向かっていると勝手に思い込んでしまって、あるときそれが全然違っていたことに気づく。
その瞬間、あなたは裏切られたと感じるだろう。自分が一人相撲をとっていただけと徒労感を覚えることもあるだろう。
あなたの中にある自己肯定感の強さ、承認欲求の強さが、自他の区別をわからなくしてしまっているのだ。
そうなると、相手の気持ちを感じとったり、対等なコミュニケーションをとることが難しくなる。
だから、客観的になってもう一度自分を見つめてみよう。
相手との距離感を保ちながら、自分と相手を切り離して考える。
ただ、察しのいいほうではない獅子座にとって相手の立場に立って考えるということは少し難しいかもしれない。自分の理想とするイメージがはっきりしているので、そこから外れることを想像するのは苦手だろう。
そんなときは、相手が主人公のストーリーを考えてみよう。
ただ相手の気持ちを中心にものを考えることは苦手かもしれないが、ストーリーならあなたの創造性を発揮できる。練習だと思ってトライしてみて。
本当に大切だと思える相手があらわれたとき。その人と大切な関係を築きたいなら、チャレンジしてみることが必要になる。
そのときが来るまで、いろんなストーリーを描いてよう。

STARMAP
LEO
WORDS

わたしは
ただ生きている
んじゃない。
恋するために
生きているの。

ゼルダ・セイヤー
作家、F・スコット・フィッツジェラルドの妻
1900/7/24 生まれ

「ゼルダ」（ナンシー・ミルフォード）より

STARMAP
LEO
WORDS

我という人の心
はただひとり
われより外に
知る人はなし

谷崎潤一郎　作家
1886/7/24 生まれ

「雪後庵夜話」より

STARMAP
LEO

あなたが
あなたらしくあるために
大切にすべきこと。

【心がけ／ルール】

自分らしさって何だろう？
誰もが、もって生まれたものがある。
でも、大人になるうちに、
本来の自分を失ってはいないか。
本来もっているはずの自分を発揮するために、
大切にするべきことは？

STARMAP
LEO

26

自分らしさを貫く

あなたは、かけがえのない特別な存在。唯一無二であることが、人を惹きつけ、あなた自身を幸せに導く。
だから、あなたは自分がやりたいこと、大切にしていること、正しい、好きだと思うものを絶対に曲げてはいけない。そういうものを貫くことで、あなたは特別な存在であり続ける。
ときには、まわりに理解されないこともあるし、時代や世相に合ってないこともあるだろう。自分のこだわりや性格を、あなた自身もすごく厄介に感じることがあるかもしれない。
それでも、ブレずにあなたらしさを貫き通すこと。それを貫き通したときに、あなたはひとつの「ブランド」になる。
ブランドというのはそこにいるだけで、理屈抜きに人々の尊敬と支持を集めることができるもの。たとえば、いくつになってもロックスピリッツを持ち続けるミック・ジャガー、セックスシンボルであり続けるマドンナがそうであるように。
大切なのは、自分の核になるものを見極めて、それを貫き通すこと。
そうすれば、ほかの部分で多少のブレや変化があっても、あなたらしさが揺らぐことはない。
いちばん核になるものを貫き通せば、何をやっても、すべてはあなたという物語の一部になり、あなたの物語はより豊かになってゆく。

STARMAP
LEO

27

自分のプライドを飼いならす

太陽であり、百獣の王ライオンである獅子座の魂の根幹を成しているのは、誇りとプライド。それがほかの人にない、あなたの気高さや創造性につながっている。
でも、そのプライド、認められたいという承認欲求が悪いほうに出ることもある。必要以上に強がりすぎたり、意味のない見栄をはったり、どん欲なまでに賞賛を求めすぎたり、自分より輝いている人への嫉妬につながったり。
しかも、強すぎるプライドはときに自己表現の邪魔をする。素直に自分をアピールすることが恥ずかしくなって、他人をけなすことで自分の優位性を確認するというように、歪んだ形でしか自分を表現できなくなってしまう。
獅子座が高みに駆け上がるには、このプライドを飼いならすことが大切だ。
でも、どうやって？　ひとつの方法は自分の中の「子ども」の言葉に耳を傾けること。獅子座のなかには王と同時に、王に向かって「王様は裸だ！」と叫ぶ子ども、王様を茶化すことのできる道化も存在している。あなたが権威に動じず、世間で常識と言われることに違和感をもつことがあるのは、そういう子どもや道化の感性も合わせもっているからだ。
だから、その感性を引き出し、うまく使おう。たとえば、自分が他人に対して意味もなく高圧的になっていたり、他人に嫉妬していたり、逆に憧れの人と過剰な同一化をはかろうとしているときは、自分で自分を笑い飛ばしてみる。「おいおい、お前は何様なんだ？」「見栄をはる前にやることがあるだろう」と。
王様が自分で自分に「王様は裸だ」といえることができたら、きっとその王様は最強になれる。

STARMAP
LEO

28

自己表現の手段とスキルをもつ

人にはない創造性をもっていて、しかもそれがいろんな人の目にふれ、注目されればされるほど、輝きを増す獅子座。
でも、そのためには、自分にしかないものを表現する手段、チャンネルが必要になる。
自分らしさ、あなたの存在価値は「わたしはこういう人間だ」と叫ぶだけでは伝わらない。みんなが納得してくれたり、感動してくれたり、支持してくれるような、「形」にする必要がある。
それは、文章でも絵でも、音楽でも、映画でもいいし、身体表現でもいいし、会話でもいいし、ビジネス上のプレゼンテーションでもいい。
自分が大切な価値観とはべつに、その価値観を表現するための手段を選んでそのスキルを上げてゆく。
あなたがあなたのなかにしかないものを、たとえば音楽で表現したいと思ったら、ただメロディを口ずさむだけじゃなく、音符に変えたり、アレンジを加えてみたり、そのメロディに合った楽器で演奏してみたり、歌詞をつけてみよう。
重要なのは、ひとりよがりでなく、きちんと人に伝わるように、表現の方法を考え、ブラッシュアップしてゆくこと。
それは、自分らしさを曲げることとはちがう。どう伝えるか、という視点を獲得することで、あなたの、あなたらしさのレベルが上がっていくのだ。

STARMAP
LEO

29

ステージを大きくする

獅子座は自分らしさを追究するあまり、「自分はこうあるべき」というパターンにはまって、頑固になったり、マンネリになったりすることがある。
でも、誤解してはいけない。獅子座が自分をつらぬくということは、小さな王国を作ってそこに閉じこもることじゃない。
自分の王国と、王国に集う人たちとの関係をどんどん広げてゆくこと。
自分らしさを貫きながら、常にそのステージを、どんどん大きくしてゆくこと。
たとえば、Ｊリーグで活躍するサッカー選手がさらにレベルの高いヨーロッパのリーグに挑戦するように。アーティストが、路上からライブハウス、さらには武道館、東京ドームとどんどんステージを広げてゆくように。
そこまでの大きな話じゃなくてもいい。友だちに読ませるだけだった自作のマンガをネットで発表してみる、コミケで売ってみる。自分のお店がうまくいったら、お店の規模を大きくする、支店を出してみる。ひとつのプロジェクトで成功したら、もっと大きなプロジェクトに挑戦する。もっと大きなビジネスを展開している会社に転職する。
そうやって、ステージさえどんどん大きくしてゆけば、あなた自身は何も変わる必要はない。あなたはずっとあなたのままでも、絶対に古くなることも、時代に取り残されることもない。ステージが新しくなれば、獅子座の自分らしさは自然と更新されるのだから。

STARMAP
LEO

30

「あなたらしさ」を
みんなでシェアしよう

自分らしさを大切にする獅子座だけど、その世界はひとりで成立しているわけではない。
獅子座を応援してくれる人、見守ってくれる人、愛してくれる人、そういう人たちがいて、はじめて成立している。
たしかに、獅子座は、そんな人たちの存在を意識しなくても、自分が好きなようにふるまっていれば、やりたいことをやっていれば、人が自然に集まってくる星のもとに生まれている。
でも、あなたのことを好きな人を意識すれば、あなたの世界はもっと豊かなものになる。
あなたのことを好きな人たちが、あなたのどんなところにいちばん魅かれているか、あなたにいちばん何を求めているのか。
あなたの好きな人たちに一方的に何かを与えるだけでなく、あなたも彼らから何かを受け取る。
そうやって、あなたが目指す世界をみんなでシェアし、一緒になって幸せな世界を作り上げてゆこう。
そうすれば、あなたのファンはただあなたを妄信し従うだけのファンから、あなたの魅力をもっともっと広めてくれるエヴァンジェリスト（伝道者）となる。
あなたの世界、あなたの可能性は、どこまでも広がってゆくだろう。

STARMAP
LEO
WORDS

心の奥深くにある
自分自身を表現する
というのは重要よ。
もしそうしなかったら、
ただの死人に
なってしまうわ。

マドンナ　ミュージシャン
1958/8/16 生まれ

「マドンナ大百科」（マシュー・レッテンマンド著、沼崎敦子訳）より

STARMAP
LEO
WORDS

小さな種火を残し、
その火を決して
絶やすな。
種火さえあれば、
また燃え上がる
ときが来る。

H・チャールズ・ブコウスキー　作家
1920/8/16 生まれ

「Born in to This」より

STARMAP
LEO

後悔なく
生きるために。

【エピローグ】

獅子座にとって生きるとはどういうことか？
あなたの未来がより輝くために、
あなたの人生がより豊かなものになるために、
獅子座が後悔なく生きてゆくために、大切なこと。

STARMAP
LEO

31

あなたはこれから
どう輝くのか

あなたは、輝いている。
星は、星の数ほどあるけれど、太陽はひとつ。
その太陽が、あなたの守護星だ。
誰よりも光り輝くことを許された、
特別でかけがえのない存在であること。
そのことを、あなたは知るべきだ。

あなたらしさは決して曇ることはない。
夢、目指したいゴール、大切に思うこと。
すべてあなただけの輝きを放っている。
その輝きをみずから鈍らせるような
ことはするな。

変わり者でいい、時代と合ってなくてもいい、
壁が立ちはだかり越えられないと思っても、
壁に背を向けるな。自分を曲げるな。
貫き通すことであなたは輝きを増す。

ただ輝くだけじゃない。
自分だけの輝きがあることを自覚しろ。
みんながあなたを応援している。
みんながあなたを愛している。
どう輝くか。
それがあなたの
これからのテーマだ。

太陽の光は一色ではない。
七色の光、目に見える光、見えない光。
どんな光でみんなを魅了するのか。
美しい虹で感動を呼ぶ。
あたたかな光でこころを包む。
あなたの光には、人を幸せにする力がある。

みずからの光で未来を照らし、
さぁ、仲間とともに、
輝きに満ちた世界へ。

獅子座はこの期間に生まれました。

誕生星座というのは、生まれたときに太陽が入っていた星座のこと。
太陽が獅子座に入っていた以下の期間に生まれた人が獅子座です。
厳密には太陽の動きによって、星座の境界は年によって1〜2日変動しますので、
生まれた年の期間を確認してください。（これ以前は蟹座、これ以降は乙女座です）

生まれた年	期間（日本時間）
1936	07/23 10:18〜08/23 17:10
1937	07/23 16:07〜08/23 22:57
1938	07/23 21:57〜08/24 04:45
1939	07/24 03:37〜08/24 10:30
1940	07/23 09:34〜08/23 16:28
1941	07/23 15:26〜08/23 22:16
1942	07/23 21:07〜08/24 03:57
1943	07/24 03:05〜08/24 09:54
1944	07/23 08:56〜08/23 15:46
1945	07/23 14:45〜08/23 21:34
1946	07/23 20:37〜08/24 03:25
1947	07/24 02:14〜08/24 09:08
1948	07/23 08:08〜08/23 15:02
1949	07/23 13:57〜08/23 20:47
1950	07/23 19:30〜08/24 02:22
1951	07/24 01:21〜08/24 08:15
1952	07/23 07:08〜08/23 14:02
1953	07/23 12:52〜08/23 19:44
1954	07/23 18:45〜08/24 01:35
1955	07/24 00:25〜08/24 07:18
1956	07/23 06:20〜08/23 13:14
1957	07/23 12:15〜08/23 19:07
1958	07/23 17:51〜08/24 00:45
1959	07/23 23:46〜08/24 06:43
1960	07/23 05:38〜08/23 12:34
1961	07/23 11:24〜08/23 18:18
1962	07/23 17:18〜08/24 00:12
1963	07/23 22:59〜08/24 05:57
1964	07/23 04:53〜08/23 11:50
1965	07/23 10:48〜08/23 17:42
1966	07/23 16:24〜08/23 23:17
1967	07/23 22:16〜08/24 05:12
1968	07/23 04:08〜08/23 11:02
1969	07/23 09:48〜08/23 16:43
1970	07/23 15:37〜08/23 22:33
1971	07/23 21:15〜08/24 04:15
1972	07/23 03:03〜08/23 10:03
1973	07/23 08:56〜08/23 15:53
1974	07/23 14:31〜08/23 21:28
1975	07/23 20:22〜08/24 03:23

生まれた年	期間（日本時間）
1976	07/23 02:19〜08/23 09:18
1977	07/23 08:04〜08/23 15:00
1978	07/23 14:01〜08/23 20:56
1979	07/23 19:49〜08/24 02:46
1980	07/23 01:43〜08/23 08:40
1981	07/23 07:40〜08/23 14:38
1982	07/23 13:16〜08/23 20:15
1983	07/23 19:05〜08/24 02:07
1984	07/23 00:59〜08/23 08:00
1985	07/23 06:37〜08/23 13:35
1986	07/23 12:25〜08/23 19:25
1987	07/23 18:07〜08/24 01:10
1988	07/22 23:52〜08/23 06:54
1989	07/23 05:46〜08/23 12:46
1990	07/23 11:22〜08/23 18:21
1991	07/23 17:12〜08/24 00:13
1992	07/22 23:09〜08/23 06:10
1993	07/23 04:52〜08/23 11:50
1994	07/23 10:42〜08/23 17:43
1995	07/23 16:30〜08/23 23:35
1996	07/22 22:20〜08/23 05:23
1997	07/23 04:16〜08/23 11:19
1998	07/23 09:56〜08/23 16:59
1999	07/23 15:45〜08/23 22:51
2000	07/22 21:44〜08/23 04:48
2001	07/23 03:27〜08/23 10:27
2002	07/23 09:16〜08/23 16:17
2003	07/23 15:05〜08/23 22:08
2004	07/22 20:51〜08/23 03:53
2005	07/23 02:42〜08/23 09:45
2006	07/23 08:18〜08/23 15:22
2007	07/23 14:00〜08/23 21:07
2008	07/22 19:55〜08/23 03:01
2009	07/23 01:36〜08/23 08:37
2010	07/23 07:21〜08/23 14:26
2011	07/23 13:12〜08/23 20:20
2012	07/22 19:01〜08/23 02:06
2013	07/23 00:56〜08/23 08:01
2014	07/23 06:41〜08/23 13:45
2015	07/23 12:30〜08/23 19:36

著者プロフィール

鏡リュウジ

Ryuji Kagami

1968 年、京都生まれ。
心理占星術研究家・翻訳家。国際基督教大学卒業、同大学院修士課程修了（比較文化）。
高校時代より、星占い記事を執筆するなど活躍。心理学的アプローチをまじえた占星術を日本で紹介することによって、占いマニア以外の人にも幅広くアピールすることに成功。占星術の第一人者としての地位を確たるものとし、一般女性誌の占い特集では欠くことのできない存在となる。また、大学で教鞭をとるなど、アカデミックな世界での占星術の紹介にも積極的。
英国占星術協会会員、英国職業占星術協会会員、日本トランスパーソナル学会理事、平安女学院大学客員教授などを務める。

STARMAP
LEO

獅子座の君へ

2013年 7月 1日　初版第1刷発行
2017年 2月10日　　第10刷発行（累計5万6千部）

著者　鏡リュウジ

写真　corbis/amana images
デザイン　井上新八
構成　ホシヨミ文庫

発行者　鶴巻謙介
発行・発売　サンクチュアリ出版
〒151-0051
東京都渋谷区千駄ヶ谷2-38-1
TEL　03-5775-5192　　FAX　03-5775-5193
URL　http://www.sanctuarybooks.jp/
E-mail　info@sanctuarybooks.jp

印刷・製本　萩原印刷株式会社